Genussmomente

MOTIVTORTEN

EMF

EIN BUCH DER
EDITION MICHAEL FISCHER

INHALTS-VERZEICHNIS

REZEPTE **23**

GRUNDLAGEN

WERKZEUGE UND BACKHELFER

CAKE BOARDS

Cake Boards sind dünne, beschichtete Pappen, die es in verschiedenen Formen und Größen gibt. Sie sind sehr hilfreich, wenn man Torten vom Drehteller auf eine Tortenplatte setzen möchte. Bei mehrstöckigen Torten geben sie von unten Stabilität. Für einstöckige Torten sind Cake Boards kein Muss. Alternativ kann man sich auch Tortenuntersetzer zurechtschneiden, die es in gut sortierten Supermärkten zu kaufen gibt.

DREHTELLER

Zur Grundausstattung gehört ein Drehteller: Er erleichtert das Einstreichen der Torten ungemein. Allerdings muss es nicht gleich ein Profi-Drehteller sein, ein hölzerner Drehteller, den viele sicherlich zu Hause haben, erfüllt den gleichen Zweck.

FONDANTGLÄTTER

Mit einem Fondantglätter, auch Smoother genannt, bekommt man den Rand und den Deckel einer Torte schön glatt. Idealerweise hat man zwei Glätter, mit denen man Tortendeckel und Tortenrand gleichzeitig bearbeiten kann.

LEBENSMITTELFARBE

Fondant, aber auch Baisermasse und Royal Icing kann man mit Lebensmittelfarben viele tolle Farben verleihen. Bitte keine anderen Farben für das Färben von Fondant verwenden, auch wenn der Fondant meist nicht gegessen wird!

Am besten eignet sich Lebensmittel-Farbgel oder -Farbpaste, weil sie sich schnell und gleichmäßig verteilt. Wenn du mit den Händen arbeitest, kannst du sie mit Einweghandschuhen vor der Farbe schützen.

Dunkle, kräftige Farbtöne wie Schwarz, Rot oder Dunkelblau sind nicht ganz einfach herzustellen. Für diese Farbtöne ist es empfehlenswert, farbigen Fondant zu kaufen.

MODELLIERWERKZEUGE

Fondantwerkzeuge sind nützliche Helfer bei der Herstellung von Fondant-Figuren. Fondant-Messer, Ball-Werkzeug und Kegel-Werkzeug werden am häufigsten verwendet. Sets mit Werkzeugen gibt es bereits in jedem gut sortierten Supermarkt. Allerdings solltest du hier nicht die erstbesten nehmen, sondern ein wenig auf Qualität achten: Häufig sind viele günstige Werkzeuge unsauber verarbeitet.

ROLLSTÄBE

Mit einem Rollstab oder alternativ einem Nudelholz aus Silikon lässt sich Fondant problemlos glatt ausrollen. Viele Rollstäbe haben Distanzringe, die dafür sorgen, dass der Fondant an allen Stellen gleich dick ist. Alternativ kann man Fondant zwischen zwei Teighölzern ausrollen, die dieselbe Funktion übernehmen. Ein langer Rollstab eignet sich gut, um ausgerollten Fondant von der Arbeitsfläche auf die Torte zu transportieren.

SILIKONMATTE

Auf einer Silikonmatte, bestreut mit ein wenig Maisstärke, lässt Fondant sich gut ausrollen. Ein weiterer Vorteil der Matte: Mit ihrer Hilfe lässt sich der Fondant mühelos auf die Torte legen. Einfach die Matte mit dem ausgerollten Fondant nehmen und – Fondant nach unten – auf die Torte legen, dann die Matte abziehen und der Fondant hat den Transport ohne Risse überstanden.

SPRITZBEUTEL UND TÜLLEN

Wer regelmäßig Torten backt und sie schön verzieren möchte, kommt an Spritzbeuteln und Tüllen nicht vorbei. Schon mit einer kleinen Auswahl an Tüllen kann man ganz unterschiedliche Effekte erzielen. Als Grundausstattung sollte man sich verschiedene Stern- und Lochtüllen, eine Rosentülle und, wer mag, ein paar Blatttüllen, zulegen.

Grundsätzlich sind Metalltüllen zu empfehlen. Manche Hersteller bieten kleine Starter-Sets an. Auch gibt es Tüllenboxen mit verschiedene Größen und Formen. So hat man immer einen guten Überblick und sie sind sofort griffbereit.

Spritzbeutel gibt es in der Einweg- und in der Mehrwegvariante. Zu empfehlen sind Einwegspritzbeutel, da sie besonders hygienisch sind. Achte beim Kauf darauf, dass die Spritzbeutel stabil sind: Nichts ist ärgerlicher, als wenn der Beutel beim Aufspritzen reißt oder platzt.

STÄRKE

Bäckerstärke oder Maisstärke verhindernt, dass der Fondant an der Arbeitsfläche festklebt.

STREICHPALETTEN

Mit Paletten streicht man Cremes, Füllungen und Ganache glatt. Es gibt sie in verschiedenen Größen, als Winkel- und als Streichpalette.

TEIGKARTEN

Mit Teigkarten kann man den Rand einer Torte entweder glatt, wellig oder zackig ziehen. Sie sollten biegsam sein und für glatte Torten zwei glatte Seiten haben. Wichtig ist außerdem, dass sie einen rechten Winkel haben. Man setzt die eine glatte Kante nämlich unten auf einen Drehteller und fährt mit der zweiten Kante an der Torte entlang, während man den Teller dreht. Je nach Höhe der Torte muss eine Teigkarte mindestens 10 cm lang sein.

SCHABLONEN

Für die Dekoration einiger Rezepte in diesem Buch sind Schablonen nötig. Diese findet ihr zum Download auf der Verlags-Website unter www.emf-verlag.de/motivtorten.

WISSENSWERTES ÜBER FONDANT

FONDANTS UND BLÜTENPASTE

Fondant ist eine Zuckerpaste zum Überziehen von Motivtorten. Er wird oft auch Rollfondant genannt. Fondant kann man auch selber herstellen. Gerade Anfängern ist allerdings zu empfehlen, den Fondant fertig zu kaufen. Denn zur Selbstherstellung benötigt man ein Gefühl für die richtige Konsistenz – und das bekommt man erst, wenn man Fondant schon oft verarbeitet hat. Auch sollte man nicht gleich das erstbeste und günstigste Produkt kaufen.

Eine Variante des klassischen Fondants ist Marshmallow-Fondant. Er lässt sich einfacher herstellen als Rollfondant, ist schön weiß, elastischer und besser im Geschmack. Er ist sofort verwendbar und muss nicht 24 Stunden ruhen. Ein Rezept zur Herstellung findet ihr auf Seite 20.

Zum Modellieren kann man Rollfondant mit Blütenpaste zu einem elastischen Modellierfondant verkneten. Allerdings könnt ihr auch kleine und große Figuren mit Rollfondant sehr gut modellieren.

Für filigrane Motive wie Blüten eignet sich Blütenpaste prima. Sie trocknet sehr schnell, was einerseits gewünscht ist, andererseits auch ärgerlich sein kann. Deshalb solltest du immer nur kleine Mengen entnehmen und den Rest luftdicht verpacken, am besten in einem Beutel, der sich nach der Entnahme der Blütenpaste wieder gut verschließen lässt.

FEUCHTIGKEIT UND TEMPERATUR

Fondant mag keine Feuchtigkeit. Er löst sich dann auf. Deswegen sollte man ihn nicht im Kühlschrank lagern, denn dort ist es immer feucht. Am besten verzichtest du auf Füllungen, die stark gekühlt werden müssen. Wenn die Torte trotzdem kühl gelagert werden muss, ist ein kühler trockener Platz wie z. B. der Keller die erste Wahl. Falls der Kühlschrank nicht umgänglich ist, wischt unbedingt vorhandenes Kondenswasser an der Rückwand ab, stellt den Kühlschrank auf die wärmste Stufe und überprüft immer wieder, ob der Fondant sich verändert, damit du die Torte gegebenenfalls sofort herausnehmen kannst.

Auch Tortenfüllungen mit hohem Wasseranteil mag der Fondant nicht. Deswegen spritzt man zwischen die Füllung und die Ummantelung einen Cremerand (siehe Seite 11, Bild 3) und überzieht die Torte mit Creme oder Ganache, bevor sie mit Fondant eingekleidet wird.

Aus Fondant modellierte Tortendeko mag den Kühlschrank übrigens ebenso wenig. Wenn man sie dunkel und trocken, z. B. in einem Karton, aufbewahrt, kann sie auch nach Monaten noch verwendet werden.

Fondant sollte immer bei Zimmertemperatur verarbeitet werden. Damit selbst gemachter Fondant etwas geschmeidiger wird, kann man die Hände vor dem Kneten mit Kokosfett einreiben.

TORTE FONDANT-TAUGLICH MACHEN

1 Einen vollständig ausgekühlten Tortenboden mit einem Cake Board auf einen Drehteller setzen. Wenn der Boden laut Rezept mit einer Flüssigkeit getränkt werden soll, wird er nun damit eingestrichen. Das klappt am besten mit einem Pinsel.

2 Nach Belieben nun einen Tortenring um den Boden legen. Er erleichtert das Stapeln, vor allem bei eher flüssigen Fruchtfüllungen oder Gelatinecremes. Wer mehr Übung hat, kann die nächsten Schritte auch ohne Tortenring machen. Den Boden mit Konfitüre bestreichen, falls im Rezept vorgesehen.

3 Buttercreme (alternativ feste Ganache) in einen Spritzbeutel mit großer Lochtülle füllen und auf den Tortenboden geben. Die Creme zunächst kreisförmig am Rand der Torte aufspritzen. Bei Fondant-Torten mit Fruchtfüllungen verhindert dieser Cremerand, dass der Fondant direkt auf die Fruchtfüllung trifft und sich auflöst. Wenn der Cremerand aufgespritzt ist, die gewünschte Füllung (Buttercreme, Fruchtfüllung oder Gelatinecreme) auf den Boden geben.

4 Den zweiten Boden auflegen, leicht andrücken und die Schritte 1–3 für die restlichen Böden wiederholen.

5 Für eine Schräge oder einen Formschnitt wird jetzt die Torte angeschrägt oder in Form geschnitten.

6 Die überstehende Creme mit einer Winkelpalette glatt streichen. Dieser Schritt dient auch dazu, die Krümel zu binden. Danach die Torte etwa 30 Minuten kühl stellen. Ein Naked Cake wäre nun fertig.

7 Die Ganache wird in dickflüssigem Zustand auf die gestapelte Torte gegeben.

8 Ganache mit einer Winkelpalette glatt streichen und mit einer Teigkarte glatt ziehen. Jetzt ist die Torte fondanttauglich. Anstelle der Ganache kann man auch Buttercreme zum Einstreichen verwenden. Je sauberer die Creme oder Ganache aufgetragen wird, desto schöner wird das Ergebnis. Fondant versteckt nämlich keine unschönen Dellen oder Kanten.

1

2

3

4

5

6

7

8

TORTE EINDECKEN

1 Die Arbeitsfläche oder eine Silikonmatte mit Maisstärke bestreuen und den Fondant gründlich durchkneten. Das kann je nach Menge und Qualität einige Minuten dauern. Die Konsistenz sollte schön elastisch sein.

2 Den Fondant ausrollen, dabei immer wieder etwas anheben und drehen, damit er nicht festklebt. Darauf achten, dass der Fondant nicht zu dünn wird – ideal sind 3–5 mm Dicke. Der ausgerollte Fondant sollte mindestens den Durchmesser plus etwa die dreifache Höhe der einzukleidenden Torte haben.

3 Den ausgerollten Fondant zur Hälfte über den Arm legen oder über einen großen Rollstab ziehen und auf die Torte legen.

4 Den Fondant zunächst leicht in Form der Torte legen ...

5 ... dann von oben nach unten glatt streichen.

6 Den überschüssigen Fondant sauber am Tortenrand abschneiden.

7 Mit zwei Fondantglättern glatt streichen, ebenfalls von oben nach unten.

8 Für eine zweistöckige Torte muss der untere Boden stabilisiert werden. Hierfür eignen sich Cake-Pop-Stiele oder spezielle Tortendübel. Sie werden auf die Höhe der unteren Torte gekürzt und in die Torte gesteckt, sodass die obere Torte die Stiele verdeckt.

9 Die zweite Etage wird zur weiteren Stabilisierung mit etwas Royal Icing (siehe Seite 20) mittig auf die untere gesetzt. Zum Anschneiden wird die obere Torte in den meisten Fällen wieder heruntergenommen und auf eine zweite Tortenplatte gesetzt.

1

2

3

4

5

6

7

8

9

ITALIENISCHER VANILLEBISKUIT

FÜR 3 SPRING-FORMEN (16 BZW. 22 CM Ø)

Für 16 cm Ø

- 3 Eier (Größe M)
- 1 Pck. Vanillezucker
- 90 g Zucker
- 70 g Mehl (Type 405)
- 30 g Speisestärke
- Salz

Für 22 cm Ø

- 5 Eier (Größe M)
- 1 Pck. Vanillezucker
- 150 g Zucker
- 110 g Mehl (Type 405)
- 50 g Speisestärke
- Salz

Außerdem

- Fett und Mehl oder Backtrennspray für die Formen

SO GEHT'S

1 Den Backofen auf 175 °C (Ober-/Unterhitze) vorheizen. Drei Springformen der gewünschten Größe ausfetten und mit Mehl bestäuben oder mit Backtrennspray einsprühen.

2 Die Eier, Vanillezucker und Zucker mit dem Quirlen eines Handrührgeräts oder einer Küchenmaschine auf höchster Stufe 10–15 Minuten aufschlagen, bis eine sehr dickcremige Masse entstanden ist. Das Mehl mit Speisestärke und 1 Prise Salz mischen, in 3 Portionen auf die Eier-Masse sieben und jeweils sehr vorsichtig unterheben.

Den Teig gleichmäßig auf die Springformen verteilen und die Formen einmal auf die Arbeitsplatte klopfen, sodass Luftblasen entweichen können. Im heißen Ofen (Mitte) goldbraun backen: Einen Biskuit mit 16 cm Durchmesser 20–25 Minuten, einen Biskuit mit 22 cm Durchmesser 30–35 Minuten. Die Stäbchenprobe nicht vergessen! Wichtig: Die Backofentür auf gar keinen Fall vor Ablauf der ersten 20 Minuten öffnen.

3 Die Biskuits aus dem Ofen nehmen und sofort aus der Form lösen. Auf einem Kuchengitter auskühlen lassen, dann in Frischhaltefolie wickeln und über Nacht ruhen lassen oder mindestens 4 Stunden kühlen, erst dann weiterverarbeiten.

SCHOKOLADEN-BODEN

FÜR 2 SPRING-FORMEN (16 CM Ø)

- 200 g sehr weiche Butter
- 250 g Zucker
- Salz
- 2 Eier (Größe M)
- 1 TL Vanilleextrakt
- 300 g Mehl (Type 405)
- 1 ½ TL Backpulver
- 1 TL Natron
- 40 g Kakaopulver (ungesüßt)
- 200 ml Milch
- 150 ml kohlensäurehaltiges Mineralwasser

SO GEHT'S

1 Den Backofen auf 175 °C (Ober-/Unterhitze) vorheizen. Den Boden von 2 Springformen mit Backpapier auslegen.

2 Butter und Zucker mit 1 Prise Salz schaumig schlagen. Die Eier nacheinander unterschlagen – jedes etwa 30 Sekunden, dann den Vanilleextrakt dazugeben. Das Mehl mit Backpulver, Natron und Kakao mischen und im Wechsel mit Milch und Mineralwasser unter die Butter-Ei-Masse heben.

3 Den Teig auf die beiden Springformen verteilen und im heißen Ofen 40–45 Minuten backen. Die Stäbchenprobe nicht vergessen!

4 Die Böden aus dem Ofen nehmen und etwa 5 Minuten abkühlen lassen. Dann aus der Form lösen und auf einem Kuchengitter vollständig auskühlen lassen.

ZITRONENBODEN

FÜR 2 SPRING-FORMEN (16 CM Ø)

- 300 g weiche Butter
- 250 g Zucker
- 4 Eier (Größe M)
- abgeriebene Schale von 1 Bio-Zitrone
- Saft von ½ Zitrone
- 300 g Mehl (Type 405)
- 1 Pck. Backpulver
- 100 ml kohlensäure-haltiges Mineralwasser
- 50 ml Milch

SO GEHT'S

1 Den Backofen auf 175 °C (Ober-/Unterhitze) vorheizen. Den Boden von 2 Springformen mit Backpapier auslegen.

2 Die Butter mit Zucker schaumig schlagen. Die Eier nacheinander unterschlagen – jedes etwa 30 Sekunden. Dann Zitronenschale und Zitronensaft dazugeben. Das Mehl mit dem Backpulver mischen und im Wechsel mit dem Mineralwasser und der Milch unter die Butter-Ei-Masse heben.

3 Den Teig auf beide Springformen verteilen und im heißen Ofen etwa 40 Minuten backen. Dei Stäbchenprobe nicht vergessen!

4 Die Böden aus dem Ofen nehmen und etwa 5 Minuten abkühlen lassen. Dann aus der Form lösen und auf einem Kuchengitter vollständig auskühlen lassen.

GANACHE

FÜR 1 TORTE VON 22 CM Ø

- 400 g Schokolade (Vollmilch oder Zartbitter)
- 200 g Sahne
- 3 EL Honig

SO GEHT'S

1 Die Schokolade hacken und in eine Schüssel geben. Sahne in einem kleinen Topf aufkochen lassen, vom Herd nehmen und über die Schokolade gießen. Dann den Honig zugeben und mit einem Schneebesen zu einer homogenen Masse rühren. Die Ganache luftdicht verschließen und auf Raumtemperatur abkühlen lassen.

BAISER

FÜR 1 BACKBLECH BAISERTUFFS

- 2 Eiweiß (Größe M)
- Salz
- 120 g feinster Zucker
- ½ TL Zitronensaft
- Farbpaste oder Pulver (nach Belieben)

SO GEHT'S

1 Den Backofen auf 100 °C (Ober-/Unterhitze) vorheizen. Ein Backblech mit Backpapier auslegen.

2 Das Eiweiß mit 1 Prise Salz in einer fettfreien und trockenen Schüssel sehr steif schlagen, dabei den Zucker langsam einrieseln lassen. Den Zitronensaft dazugeben. So lange weiterschlagen, bis der Zucker sich aufgelöst hat und die Masse glänzt. Wenn man den Schneebesen herausnimmt, sollten Eiweißspitzen stehen bleiben. Lebensmittelfarbe als Paste oder Pulver (nie flüssig!) einrühren. Nicht zu viel verwenden, damit die Baisermasse nicht zu flüssig wird.

Die Baisermasse in einen Spritzbeutel mit einer Stern- oder Lochtülle füllen und mit etwas Abstand in der gewünschten Form auf das Blech spritzen. Etwa 1 ½–2 Stunden mit leicht geöffneter Backofentür backen bzw. trocknen lassen. Dafür den Stiel eines Holzkochlöffels in die Backofentür klemmen.

3 Die Baisers sind fertig, wenn sie sich leicht vom Backpapier lösen lassen. Im geschlossenen Ofen abkühlen lassen. Luftdicht verpackt halten sich die Baisers mehrere Wochen.

AMERIKANISCHE BUTTERCREME

FÜR 1 TORTE VON 22 CM Ø

- 150 g weiche Butter
- 3 ml Vanilleextrakt
- 350 g gesiebter Puderzucker
- 30 ml Milch

SO GEHT'S

1 Die Butter und den Vanilleextrakt mit dem Schneebesen einer Küchenmaschine aufschlagen, bis die Masse weiß und cremig ist. Das dauert 5–10 Minuten. Dann den Puderzucker löffelweise unterschlagen, erst danach die Milch dazugeben.

2 Insgesamt dauert das Schlagen der Creme 10–15 Minuten.

ERDBEER-BUTTERCREME

FÜR 1 TORTE VON 22 CM Ø

- 500 g weiche Butter
- 750 g gesiebter Puderzucker
- 500 g Erdbeeren

SO GEHT'S

1 Die Butter mit dem Schneebesen einer Küchenmaschine aufschlagen, bis sie weiß und cremig ist. Das dauert 5–10 Minuten. Dann den Puderzucker löffelweise unterschlagen und weitere 10 Minuten schlagen.

2 In der Zwischenzeit die Erdbeeren waschen, putzen, trocken tupfen und sehr klein schneiden. Die Erdbeeren zur Buttercreme geben und die Creme noch 1 Minute weiterschlagen.

3 Diese Creme eignet sich sehr gut als Tortenfüllung.

SWISS-MERINGUE-BUTTERCREME

FÜR EINE TORTE VON 16 CM Ø

- 6 Eiweiß (Größe M)
- 240 g feiner Zucker
- 360 g weiche Butter
- Aroma (nach Belieben)

SO GEHT'S

1 Das Eiweiß mit dem Zucker über einem heißen Wasserbad unter Rühren auf 60 °C erhitzen, bis der Zucker sich gelöst hat. Zum Überprüfen der Temperatur am besten ein digitales Lebensmittelthermometer verwenden.

2 Die Eiweiß-Masse in eine Schüssel geben und mit der Küchenmaschine weiß aufschlagen. Wenn die Masse weiß und auf Raumtemperatur abgekühlt ist, die weiche Butter portionsweise unterschlagen. Die Creme gerinnt zunächst, wird dann aber wieder cremig. Nach Belieben Aroma zugeben.

3 Die Creme kann sofort verwendet werden. Sie ist im Kühlschrank 3–5 Tage haltbar und kann sogar eingefroren werden, muss nach dem Auftauen aber wieder aufgeschlagen werden.

MASCARPONE-FRISCHKÄSE-CREME

FÜR EINE TORTE VON 18 CM Ø

- 70 g weiche Butter
- 70 g gesiebter Puderzucker
- 150 g Frischkäse
- 200 g Mascarpone

SO GEHT'S

1 Die Butter hell aufschlagen. Den Puderzucker löffelweise zur Butter geben, dabei darauf achten, dass die Creme keine Klümpchen hat, da sie sonst nicht sauber durch die Spritztülle gedrückt werden kann. Frischkäse und Mascarpone hinzugeben und kurz unterschlagen.

2 Die Creme eignet sich sehr gut als Tortenfüllung.

MARSHMALLOW-FONDANT

FÜR 1 TORTE VON 22 CM Ø UND DEKORATION

- 500 g weiße Marshmallows
- Farbgel (nach Belieben)
- 1 kg Puderzucker

Außerdem

- pflanzliches Fett für die Hände

SO GEHT'S

1 Die Marshmallows mit 3 EL Wasser beträufeln und in der Mikrowelle bei 600 Watt (etwa 3-mal 25 Sek.) erhitzen, sodass sie schmelzen. Zwischendurch umrühren, damit sich alle Marshmallows auflösen.

2 Nach Belieben Farbgel zur Masse geben und unterrühren. Den Puderzucker auf die Marshmallow-Masse sieben und mit eingefetteten Händen einarbeiten.

3 Der Marshmallow-Fondant kann sofort verwendet werden. Luftdicht verpackt hält er sich im Kühlschrank mehrere Wochen. Etwa 1–2 Stunden vor der Weiterverarbeitung aus dem Kühlschrank nehmen.

ROYAL ICING

ZUTATEN

- 1 Eiweiß
- 250 g gesiebter Puderzucker
- Farbgel (nach Belieben)

SO GEHT'S

1 Das Eiweiß steif schlagen. Den Puderzucker löffelweise unterschlagen, bis die Masse eine fluffige, dicke Konsistenz hat. Die Konsistenz ist perfekt, wenn beim Herausheben des Schneebesens lange Spitzen stehen bleiben.

2 Das Royal Icing ist sofort verwendbar. Es sollte unbedingt luftdicht verschlossen aufbewahrt werden, da es schnell austrocknet. Mit Wasser oder Zitronensaft verdünnt, eignet es sich auch als Überzug für Kekse.

ZUCKERKLEBER

FÜR 25 ML

- ¼ TL CMC-Pulver
- 1 Schraubglas für 100 ml

SO GEHT'S

1 Das CMC-Pulver in einem kleinen Schraubglas mit 50 ml warmem Wasser mischen und kräftig schütteln, bis es sich gelöst hat. Nach einiger Zeit nimmt die Flüssigkeit eine gelartige Konsistenz an. Den Zuckerkleber am besten einen Tag vorher zubereiten. Luftdicht und kühl gelagert, ist er 1 Woche haltbar.

TIPP

Sollte der Kleber nach ein paar Tagen zu trocken sein, kann man einfach etwas Wasser dazugeben. Alternativ kann man fertigen Kleber auch online kaufen oder mit Wasser bzw. Alkohol kleben.

ZUCKERSIRUP

FÜR EINE TORTE VON 18 CM Ø

- 120 g feiner Zucker
- 5 ml Aroma (nach Belieben)

SO GEHT'S

1 Den Zucker mit 130 ml Wasser in einen kleinen Topf geben und unter Rühren köcheln lassen, bis der Zucker sich gelöst hat. Nach Belieben Aroma hinzugeben.

2 Den Zuckersirup abkühlen lassen und weiterverarbeiten oder in einem Schraubglas im Kühlschrank aufbewahren. Dort ist er etwa 3 Wochen haltbar!

REZEPTE

FLAMINGO-

Torte

Für die Dekoration
- 200 g Blütenpaste
- Farbgel pink und rosa
- 1 kg weißer Fondant

Für die Böden
- 1 Rezept Vanillebiskuit (für 16 cm Ø)

Für die Füllung
- 6 TL Kokossirup
- ½ Rezept Swiss-Meringue-Buttercreme
- 100 g Himbeerkonfitüre

Außerdem
- 1 Zahnstocher
- Zuckerkleber + Pinsel
- Kreisausstecher (3 cm Ø)
- 2 Holzspieße
- 3 Ausstecher für Hawaii-Blumen in verschiedenen Größen
- Schaumstoffunterlage (nach Belieben)
- Ball-Werkzeug
- Tortenring
- Maisstärke
- 9 Zuckerperlen
- Goldpulver (nach Belieben)

SO GEHT'S

Mit der Herstellung der Dekoration am Vortag beginnen.

1 Für den Flamingo die Blütenpaste weich kneten und bis auf ein kleines Stück für den Schnabel, pink färben. Aus 100 g Blütenpaste den Hals und den Körper des Flamingos und aus der weißen Blütenpaste den Schnabel formen. Den Schnabel mit einem Zahnstocher an den Hals stecken und zusätzlich mit Zuckerkleber ankleben. Hals an den Körper kleben. (Bild 1–2)

2 50 g Blütenpaste für die Ruffles möglichst dünn ausrollen und mit einem Ausstecher Kreise ausstechen. Die Kreise zweimal locker falten und auf den Körper des Flamingos kleben. Zwei Holzspieße für die Beine in den Körper stecken. So mindestens 24 Stunden fest werden lassen. (Bild 3)

3 Die restliche Blütenpaste für die Blumen sehr dünn ausrollen. Mit Blumenausstechern in 3 Größen je 3 Blüten ausstechen. Die Blüten auf eine Schaumstoffmatte legen und die Blütenränder mit einem Ball-Werkzeug ausdünnen. Zum Trocknen in Eierbecher oder Schälchen legen und etwa 24 Stunden trocknen lassen. (Bild 4)

4 Den Biskuit nach dem Grundrezept backen. Auskühlen lassen und gleichmäßig mit dem Kokossirup beträufeln.

5 Am Tag der Fertigstellung die Swiss-Meringue-Buttercreme nach dem Grundrezept herstellen.

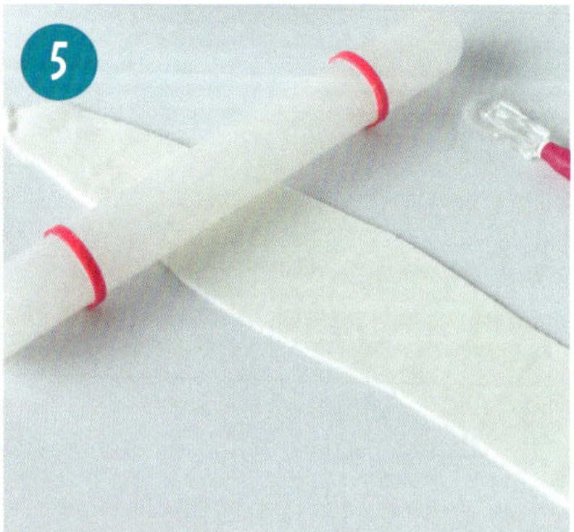

6 Den ersten Boden auf eine Tortenplatte legen und mit einem Tortenring umschließen. Die Hälfte der Konfitüre auf den Biskuit streichen. Ein Viertel der Swiss-Meringue-Buttercreme daraufgeben und glatt streichen. Den zweiten Boden auflegen und den Vorgang wiederholen, dann den letzten Boden mit der unteren Seite nach oben auflegen. Die Torte etwa 1 Stunde kühl stellen. Aus dem Kühlschrank nehmen und vorsichtig aus dem Ring lösen. Dünn mit der Swiss-Meringue-Buttercreme einstreichen, weitere 30 Minuten kühl stellen, dann mit der restlichen Buttercreme einstreichen und scharfe Kanten formen. Weitere 30 Minuten kühl stellen.

7 Für die Dekoration 700 g weißen Fondant weich kneten und auf einer mit Maisstärke bemehlten Arbeitsfläche etwa 3 mm dick ausrollen. Die Torte damit eindecken (siehe dazu Seiten 12 und 13).

8 Für die Ruffles etwas weißen Fondant ungefähr 2 mm dick und 3 cm breit ausrollen, eine Seite gerade abschneiden, die andere Seite wellenartig. Die Torte im oberen Bereich mit Zuckerkleber bestreichen und eine Rüsche um die Torte kleben. Am Rand leicht andrücken, den oberen Bereich mit einem Pinsel vorsichtig formen, an einigen Stellen ein wenig nach außen drücken. Den Vorgang mit einer weiteren weißen Rüsche wiederholen. (Bild 5–8)

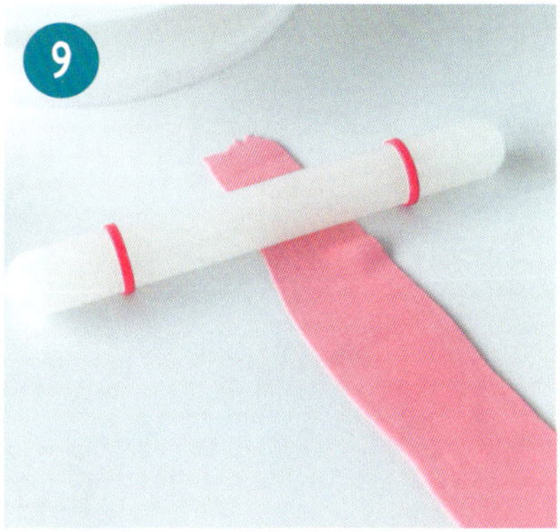

9 Die Hälfte des restlichen Fondants rosa färben. Wieder ein kleines Stück ausrollen und zurechtschneiden. Zwei Ruffles ankleben. Den restlichen Fondant kräftig pink färben und zwei weitere Ruffles formen. Darauf achten, dass die letzte Rüsche einen sauberen Abschluss hat. (Bild 9–11)

10 Die am Vortag angefertigten Blütenblätter unterschiedlicher Größen mit etwas Zuckerkleber aufeinanderkleben. 3 weiße Zuckerperlen in jede Blüte kleben und mit essbarem Goldpulver bestreuen. (Bild 12)

Vor dem Servieren den Flamingo mit etwas essbarem Goldpulver bestreuen, auf die Torte stecken und mit Blumen dekorieren.

ANANAS-
Törtchen

Für die Böden
- 1 Rezept Vanillebiskuit (für 22 cm Ø, gebacken auf einem Blech 30 × 40 cm)

Für die Füllung
- 180 g Ananasstücke (Dose)
- 50 ml Kokosmilch
- 150 g Mascarpone
- 1 Pck. Vanillezucker

Für die Dekoration
- 1 Rezept Swiss-Meringue-Buttercreme
- Farbgel gelb
- Blattschopf einer großen Ananas

Außerdem
- Kreisausstecher (11 cm Ø)
- 1 Cake Board
- Tortenrandfolie (mind. 10 cm hoch)
- Spritzbeutel
- Sterntülle

SO GEHT'S

1 Den Biskuit auf einem mit Backpapier auslegten Backblech etwa 15 Minuten goldgelb backen. Die Stäbchenprobe nicht vergessen. Den Biskuit aus dem Ofen nehmen und auf einem Kuchengitter abkühlen lassen. Mit dem Kreisausstecher 6 Kreise ausstechen. (Bild 1)

2 Die Ananasstücke abtropfen lassen und klein schneiden. Kokosmilch, Mascarpone und Vanillezucker cremig rühren.

3 Den ersten Kuchenboden auf ein Cake Board setzen und mit einem Fünftel der Mascarponecreme bestreichen, ein Fünftel der Ananasstückchen darauf verteilen. Den zweiten Boden aufsetzen und den Vorgang bis zum letzten Boden wiederholen. Für mehr Stabilität Tortenrandfolie um das Törtchen legen und etwa 4 Stunden kühl stellen. (Bild 2)

4 In der Zwischenzeit die Swiss-Meringue-Buttercreme nach dem Grundrezept herstellen und gelb einfärben.

5 Das Törtchen aus der Folie lösen und dünn mit der Swiss-Meringue-Buttercreme einstreichen.

6 Die restliche Creme in einen Spritzbeutel mit Sterntülle füllen und das Törtchen von unten nach oben mit leichten Zick-Zack-Bewegungen umspritzen. (Bild 3)

7 Vor dem Servieren das Törtchen mit dem Blattschopf einer Ananas dekorieren.

1

2

3

MOUSTACHE-
Torte

Für die Dekoration
- 1 kg weißer Fondant
- Farbgel dunkelbraun, beige
- ca. 50 g Speisestärke
- 1 EL Wodka
- 50 g Blütenpaste
- Farbpulver kupfer

Für die Böden
- 1 Rezept Schokoladenboden

Für die Füllung
- 1 Rezept Amerikanische Buttercreme
- 3 EL Irischer Whiskey-Likör
- 1 Rezept Ganache

Außerdem
- Kreisausstecher (1,5 cm Ø)
- Ball-Werkzeug
- kleine Lochtülle oder Zahnstocher
- Maisstärke
- Schnurrbart-Schablone
- 2 Holzspieße
- Fliegen-Schablone
- Wattepads
- Zuckerkleber + Pinsel
- 1 Cake Board

SO GEHT'S

Mit der Herstellung der Dekoration am Vortag beginnen.

1 200 g Fondant braun einfärben. Für die Knöpfe eine kleine Menge abnehmen, weich kneten und etwa 3 mm dick ausrollen. Mit dem Kreisausstecher 3 Kreise ausstechen, mit dem Ball-Werkzeug eine Kuhle hineindrücken und mit der Lochtülle oder einem Zahnstocher je 2 Knopflöcher ausstechen. (Bild 1)

2 Für den Schnurrbart 100 g braunen Fondant mit Speisestärke verkneten, bis der Fondant fester wird, dann etwa 5 mm dick ausrollen. Die Schnurrbart-Schablone (8 × 6 cm) auflegen und ausschneiden. Die Holzspieße vorsichtig in den Schnurrbart stecken. Mit einen Fondantmesser Rillen in den Schnurrbart drücken. Braunes Farbgel mit etwas Wodka verdünnen und den Schnurrbart entlang der Rillen von innen nach außen bemalen. Am besten funktioniert das nach 24 Stunden, wenn der Fondant getrocknet ist. (Bild 2–5)

3 Für die Fliege die Blütenpaste beige färben, weich kneten und etwa 2 mm dick ausrollen. Die Fliegen-Schablone (8,5 × 4 cm) auflegen und ausschneiden. (Bild 6)

4 Ein Wattepad in die Mitte der einen Seite legen und das Rechteck zur Mitte klappen, sodass eine Schlaufe entsteht. Mit Zuckerkleber befestigen. Den Vorgang auf der anderen Seite wiederholen. (Bild 7)

5 Für das Mittelstück der Fliege die restliche beige Blütenpaste etwa 1,5 mm dick ausrollen und in 2 Streifen à 6 × 2 cm schneiden. Etwas versetzt aufeinanderkleben und auf eine Breite von 2 cm zurückschneiden. (Bild 8–9)

6 Das Mittelstück auf die Fliege legen und von vorn nach hinten klappen. Festkleben. Falls nötig, auf der Rückseite kürzen. (Bild 10)

7 Mit den Fingern die Seiten leicht formen. Die Fliege so mindestens 24 Stunden trocknen lassen. Danach die Wattepads entfernen.

8 Die beiden Schokoladenböden möglichst am Vortag nach dem Grundrezept backen, komplett auskühlen lassen und je einmal waagerecht halbieren.

9 Am Tag der Fertigstellung für die Füllung die Buttercreme nach dem Grundrezept herstellen und den Whiskey-Likör unterrühren.

10 Den ersten Boden auf ein Cake Board setzen und mit einem Drittel der Whiskey-Buttercreme bestreichen. Den Vorgang mit dem zweiten und dritten Boden jeweils wiederholen. Den letzten Boden mit der unteren Seite nach oben auflegen. Die Torte etwa 1 Stunde kühl stellen. Währenddessen die Ganache herstellen. Die Torte damit überziehen, glattstreichen und scharfe Kanten formen. Trocknen lassen.

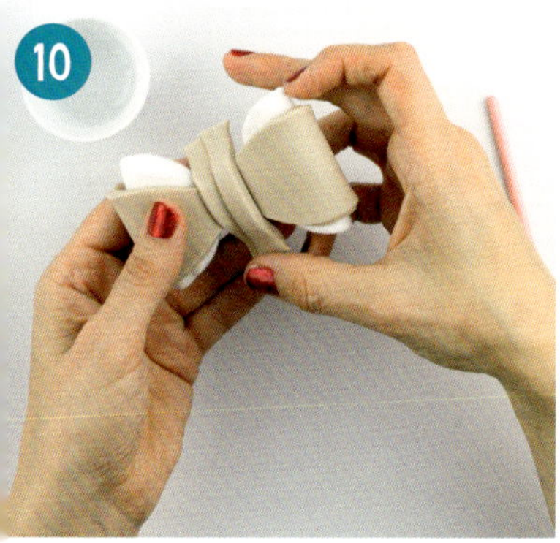

11 800 g Fondant weich kneten und auf einer mit Maisstärke bemehlten Arbeitsfläche 3–5 mm dick ausrollen. Die Torte eindecken, die Ränder sauber abschneiden.

12 Für die Hosenträger braunen Fondant weich kneten, etwa 2 mm dick ausrollen und in etwa 2 cm breite Streifen schneiden. Die Länge muss der Tortenhöhe angepasst werden. 2 schmale Stücke Fondant als Schnallen abschneiden und mit Kupferfarbe anmalen. (Bild 11)

13 Für den unteren Tortenrand braunen Fondant etwa 2 cm breit ausrollen. Die Länge entspricht dem Umfang der Torte (ca. 50 cm). Den unteren Teil der Torte mit Zuckerkleber einstreichen und den Rand sofort andrücken.

14 Sind die Dekorationen fertig, kann die Torte dekoriert werden. Hierfür die Knöpfe, Hosenträger, Schnallen und Fliege mit Zuckerkleber ankleben. Den Schnurrbart oben mittig in die Torte stecken.

SUKKULENTEN-
Naked-Cake

Für die Böden
- 1 Rezept Vanillebiskuit (für 16 cm Ø)

Für die Füllung
- 2 Maracujas
- 80 g Frischkäse
- 80 g Mascarpone
- 100 g Schlagsahne
- 40 g gesiebter Puderzucker

Für die Dekoration
- 1 Rezept Amerikanische Buttercreme

Außerdem
- Farbgel violett und 4 verschiedene Grüntöne
- 5 Spritzbeutel
- 1 kleine Lochtülle
- 1 Blatttülle + 1 Rosentülle
- 1 kleine Halbrundtülle z. B. für Dahlien
- 1 kleine Sterntülle
- 1 Blumennagel
- Backpapier, in Quadrate geschnitten

SO GEHT'S

1 Den Biskuit in nur 2 Springformen mit 16 cm Durchmesser etwa 25 Minuten backen. Sofort aus der Form lösen und abkühlen lassen. Die Böden je einmal waagerecht halbieren.

2 Die Maracujas halbieren und das Fruchtfleisch auslösen. Durch ein Haarsieb streichen, dabei den Saft, etwa 30 ml, auffangen. Frischkäse, Mascarpone und Saft glatt rühren. Sahne steif schlagen und dabei Puderzucker einrieseln lassen. Die Sahne unter die Creme heben.

3 Den ersten Boden auf eine Tortenplatte setzen. Mit einem Drittel der Creme bestreichen und den zweiten Boden auflegen. Vorgang mit den restlichen Böden und der Creme wiederholen. Den letzten Boden mit der unteren Seite nach oben auflegen. Die Torte mit Frischhaltefolie abdecken und etwa 4 Stunden im Kühlschrank kühl stellen.

4 Die Buttercreme nach dem Grundrezept zubereiten und die Torte nur dünn damit einstreichen.

5 Für die Sukkulenten 2–3 EL Buttercreme violett färben. Die restliche Creme in 4 verschiedenen Grüntönen färben. Violette Buttercreme in den Spritzbeutel mit Lochtülle geben. Die Grüntöne in die Spritzbeutel mit Blatt-, Rosen-, Halbrund- und Sterntülle füllen. (Bild 1) Etwas Buttercreme auf den Blumennagel geben und ein Backpapierquadrat darauf platzieren. Für jede Sukkulente einen kleinen Tuff auf die Mitte des Backpapiers setzen und dann um diesen herumspritzen. (Bild 2–3)

6 Die Sukkulenten für 30 Minuten ins Gefrierfach stellen. Gefroren auf der Torte verteilen, violette Tuffs dazwischensetzen.

1

2

3

BABY-
Torte

Für die Dekoration
- 1,15 kg weißer Fondant
- ca. 100 g Maisstärke
- Farbgel blau, grün, pink, gelb, lila
- 100 g Blütenpaste

Für die Böden
- 1 Rezept Zitronenboden

Für die Füllung
- 1 Rezept Amerikanische Buttercreme
- 3 Pfirsichhälften (Dose), in dünne Spalten geschnitten
- 1 Rezept Ganache

Außerdem
- Buchstaben-Ausstecher
- Zuckerkleber + Pinsel
- 1 Styroporkugel (5 cm Ø)
- Ball-Werkzeug
- weißer Draht (20 cm)
- 1 Styroporkugel (2,5 cm Ø)
- 1 Cake Board
- Maisstärke
- Bordüren-Ausstecher

SO GEHT'S

Mit der Herstellung der Dekoration 2 Tage vorher beginnen.

1 Den Teddybär nach der Anleitung auf Seite 39 herstellen.

2 Für die Buchstaben etwa 100 g Fondant mit Maisstärke verkneten, bis eine feste Masse entsteht. Etwa 1 cm dick ausrollen und die Buchstaben ausstechen, eventuell mit einem Messer ausbessern. (Bild 1)

3 50 g Fondant in Portionen teilen und diese unterschiedlich einfärben. Kleine Kügelchen formen und mit Zuckerkleber vorsichtig auf die Buchstaben kleben. Zwei Drittel der bunten Fondantmasse für den Tortenrand aufbewahren. (Bild 2)

4 60 g Blütenpaste lila färben und etwa 2 mm dünn ausrollen. Die große Styroporkugel mit Zuckerkleber einstreichen und auf die ausgerollte Blütenpaste legen, diese um die Styroporkugel legen, überschüssiges Material abschneiden und die Kugel zwischen den Händen hin und her rollen. (Bild 3–5)

5 Aus etwas lila Blütenpaste den »Knoten« des Ballons formen, mit dem Ball-Werkzeug eindrücken und am Ballon festkleben. Den weißen Draht durch den Knoten in den Ballon schieben. Mit weißer Blütenpaste den kleinen Luftballon ebenso formen und mit bunten Kügelchen verzieren. (Bild 6)

6 Möglichst am Vortag die beiden Zitronenböden nach dem Grundrezept backen und auskühlen lassen. Am Tag der Fertigstellung beide Böden waagerecht halbieren.

BABY

7 Am Tag der Fertigstellung die Buttercreme für die Füllung nach dem Grundrezept zubereiten.

8 Den ersten Boden auf ein Cake Board setzen, mit einem Drittel der Buttercreme bestreichen und mit einem Drittel der Pfirsichspalten belegen. Den zweiten Boden auflegen und den Vorgang mit dem dritten Boden wiederholen. Den letzten Boden mit der unteren Seite nach oben auflegen. Die Torte etwa 1 Stunde kühl stellen.

9 Währenddessen die Ganache herstellen. Am Ende der Kühlzeit über die Torte geben, glattstreichen und scharfe Kanten formen.

10 1 kg Fondant weich kneten und auf einer mit Maisstärke bemehlten Arbeitsfläche 3–5 mm dick ausrollen. Die Torte eindecken, die Ränder sauber abschneiden.

11 Für die Bordüre den restlichen Fondant lila färben, etwa 3 mm dick ausrollen. Mit dem Bordüren-Ausstecher ausstechen und gerade schneiden. Den unteren Rand der Torte mit Zuckerkleber einstreichen und die Bordüre ankleben.

12 Den Teddy, die Buchstaben und die Ballons anbringen. Aus dem restlichen bunten Fondant Kügelchen formen und den Tortenrand damit dekorieren.

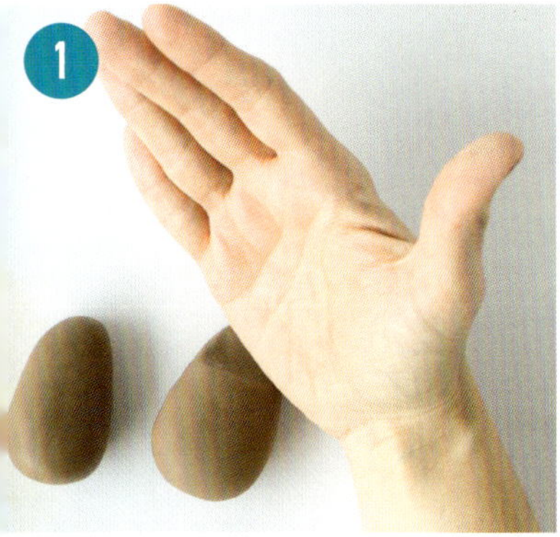

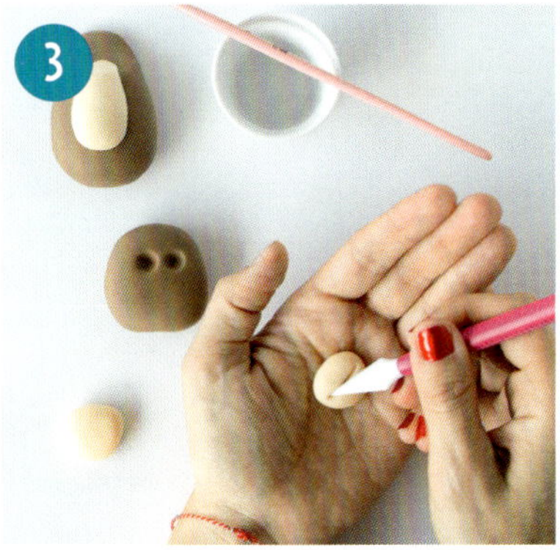

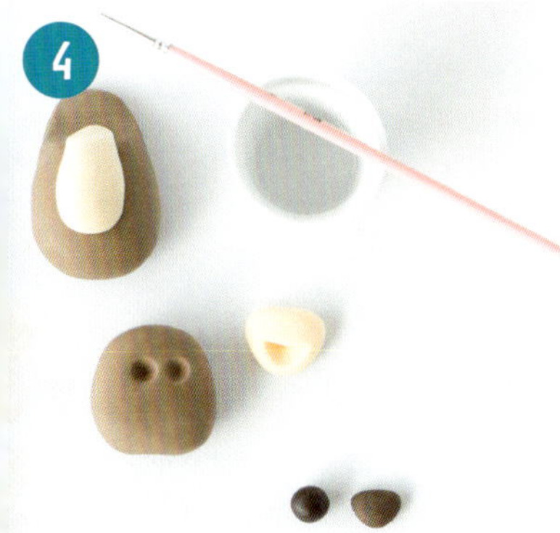

Für den Teddybär

- 150 g brauner Fondant
- 50 g beiger Fondant
- 10 g weißer Fondant
- 10 g schwarzer Fondant

Außerdem

- Ball-Werkzeug
- Zuckerkleber + Pinsel
- Kegel-Werkzeug
- Wattepads

SO GEHT'S

1 Für den Körper aus braunem Fondant einen Kegel formen (5 x 4 cm) und oben etwas flach drücken. (Bild 1) Für den Kopf eine Kugel von 4–5 cm Durchmesser formen, diese etwas flach drücken und die Augenhöhlen mit einem Ball-Werkzeug hineindrücken. Aus einem kleinen beigen Fondantstück den Bauch modellieren und aufkleben. (Bild 2)

2 Die Schnauze aus beigem Fondant formen und den Mund mit einem Kegel-Werkzeug modellieren. Die Nase aus einer kleinen braunen Kugel formen und ankleben. Für die Augen 2 kleine weiße Kugeln in die Augenhöhlen kleben und mit schwarzen Kügelchen verzieren. (Bild 3–4)

3 Die Ohren aus braunem und beigem Fondant herstellen und ankleben, eventuell mit Wattepads abstützen. Füße und Arme aus braunem Fondant formen, ankleben und mit ein paar Wattepads abstützen. (Bild 5–6)

FUßBALL-
Torte

Für die untere Ebene
- 1 Rezept Vanillebiskuit (für 22 cm Ø)
- 1 Rezept Amerikanische Buttercreme
- 100 g Nuss-Nugat-Creme
- 1 Rezept Ganache
- 1 kg grüner Fondant
- je 50 g Fondant in schwarz, rot, gelb

Für die obere Ebene
- 1 Rezept Vanillebiskuit (für 16 cm Ø), als Halbkugel
- ½ Rezept Ganache
- 300 g weißer Fondant
- 200 g schwarzer Fondant

Außerdem
- 1 Cake Board
- Maisstärke
- Pizzaschneider
- Zuckerkleber + Pinsel
- Halbkugel-Backform (16 cm Ø)
- Backtrennspray
- Sechseck-Vorlage
- Fünfeck-Vorlage
- Cake-Pop-Stiele
- Knoblauchpresse

SO GEHT'S

1 Den Biskuit für die untere Ebene nach dem Grundrezept backen, sofort aus den Formen lösen und auskühlen lassen.

2 Die Buttercreme nach dem Grundrezept herstellen und mit Nuss-Nugat-Creme mischen. Den ersten Biskuitboden auf ein Cake Board setzen und mit der Hälfte der Creme bestreichen. Den zweiten Boden auflegen und den Vorgang wiederholen. Den letzten Boden mit der unteren Seite nach oben auflegen. Die Torte etwa 1 Stunde kühl stellen.

3 Die Ganache nach dem Grundrezept herstellen und über die Torte geben, glatt streichen und scharfe Kanten formen.

4 Den grünen Fondant weich kneten und auf einer mit Maisstärke bemehlten Arbeitsfläche ausrollen. Die Torte eindecken, den Rand sauber abschneiden. Für die Bordüre je ein schwarzes, rotes und gelbes Stück Fondant etwa 70 cm lang ausrollen und in 2 cm breite Streifen schneiden. Das klappt mit einem Pizzaschneider ganz wunderbar. Den unteren Rand der Torte mit Zuckerkleber bestreichen und die Streifen rundum andrücken.

5 Für die obere Ebene die Halbkugel-Backform mit Backtrennspray sehr gut einfetten und einen Biskuit darin etwa 30 Minuten backen. Die Stäbchenprobe nicht vergessen. Aus dem Ofen nehmen und sofort aus der Form stürzen. Auskühlen lassen.

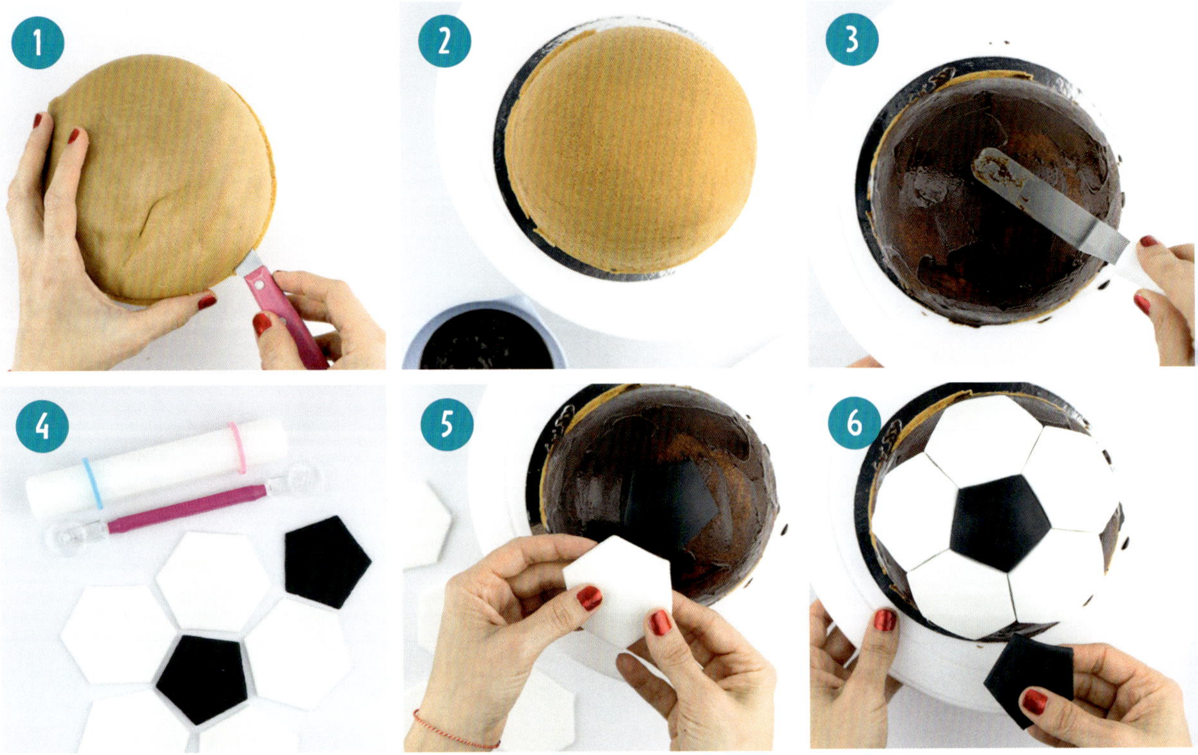

6 Die Ganache nach dem Grundrezept herstellen. Den Biskuit wieder in die Form legen und mit einem Messer begradigen. Die Halbkugel auf ein Cake Board legen und mit der Ganache einstreichen. (Bild 1–3)

7 Schwarzen und weißen Fondant weich kneten, ausrollen und nach der Vorlage 6 schwarze Fünfecke und 8 weiße Sechsecke daraus ausschneiden. Die Formen auf die Halbkugel kleben, dabei oben in der Mitte mit einem schwarzen Fünfeck beginnen. (Bild 4–6)

8 Für die unterste Reihe die Sechsecke halbieren, damit sie nicht über die Halbkugel hinausragen. (Bild 7)

9 Die untere Ebene der Torte mit Cake-Pop-Stielen stabilisieren und den Fußball auflegen. Den grünen Fondant rund um die Halbkugel mit Zuckerkleber einstreichen. Für den Graseffekt grünen Fondant durch eine Knoblauchpresse drücken und um den Fußball herum aufkleben. (Bild 8–10)

7

8

9

10

EINHORN-
Torte

Für die Böden
- 1 Rezept Vanillebiskuit (für 16 cm Ø)

Für die Füllung
- 1 Rezept Erdbeer-Buttercreme
- 1 Rezept Ganache

Für die Dekoration
- 1,2 kg weißer Fondant
- Farbgel pink, lila, grün, gelb, blau
- Glitzer für Lebensmittel
- 50 g schwarzer Fondant
- 100 g Maisstärke (oder nach Bedarf)
- Farbpulver rosa

Außerdem
- 1 Cake Board
- Maisstärke
- Herzausstecher in 2 Größen
- Zuckerkleber + Pinsel
- Holzspieß
- Fondantschneider + kleine Schere
- 1 Wattepad

SO GEHT'S

1 Den Biskuit nach dem Grundrezept backen und auskühlen lassen.

2 Die Erdbeer-Buttercreme nach dem Grundrezept zubereiten.

3 Den ersten Boden auf ein Cake Board setzen und mit der Hälfte der Erdbeer-Buttercreme bestreichen. Den zweiten Boden auflegen und mit der restlichen Erdbeer-Buttercreme bestreichen. Den letzten Boden mit der unteren Seite nach oben auflegen und die Torte etwa 30 Minuten kühl stellen.

4 Die Ganache nach dem Grundrezept zubereiten. Nach der Kühlzeit Ganache über die Torte geben, glatt streichen und scharfe Kanten formen.

5 800 g weißen Fondant weich kneten und 3–5 mm dick ausrollen. Die Torte damit einkleiden. Den überschüssigen Fondant sauber abschneiden.

6 Für die Deko eine kleine Menge Fondant rosa färben. Weißen und rosafarbenen Fondant weich kneten und etwa 5 mm dick ausrollen. Mit zwei Herzausstechern zwei weiße und zwei rosafarbene Herzen für die Ohren ausstechen. Das rosafarbene Herz auf das weiße kleben. Die Rundungen abschneiden. (Bild 1–3)

7 Aus 100 g weißem Fondant ein etwa 15 cm langes Horn formen. Einen Holzspieß unten mittig hineinstecken. Mit dem Fondantschneider Rillen in das Horn ziehen, dann mit Zuckerkleber einpinseln und mit Glitzer bestreuen. (Bild 4–6)

8 Für die Augen schwarzen Fondant nach Bedarf mit Maisstärke verkneten, damit er fester wird, und 3 mm dick ausrollen. Mit zwei Herzausstechern die Augenkontur ausstechen und mit einer kleinen Schere die Wimpern hineinschneiden. (Bild 7–9)

9 Den restlichen Fondant in Pastelltönen einfärben und zu Haarsträhnen formen. Das Horn in die Torte stecken. Die Ohren, Haare und Augen ankleben. Mit einem Wattepad und rosafarbenem Farbpulver kleine Pausbäckchen auftupfen. (Bild 10)

TIPP

Anstelle des schwarzen Fondants kann man auch Lakritzschnecken für die Augenkontur verwenden. Die Schnecken aufrollen und zurechtschneiden.

7

8

9

10

SWISS-MERINGUE-
Tulpen-Torte

Für die Böden
- 1 Rezept Vanillebiskuit (für 16 cm Ø)

Für die Füllung
- 300 g Erdbeeren, mittelgroß
- 400 g Sahne
- 30 g Sofort-Gelatine
- 4 EL Zitronensaft
- 3 EL Zucker
- 6 EL Erdbeerkonfitüre

Für die Dekoration
- 1 Rezept Swiss-Meringue-Buttercreme
- Farbgel pink, rosa, hellgrün

Außerdem
- 1 Cake Board
- Tortenring
- Spritzbeutel
- 2 Tulpentüllen (Nifty Nozzles)
- 1 Blatttülle

SO GEHT'S

1 Den Biskuit in nur 2 Springformen etwa 25 Minuten backen. Sofort aus der Form lösen und abkühlen lassen. Die Böden je einmal waagerecht halbieren.

2 Die Erdbeeren putzen, waschen, trocken tupfen und in dünne Scheiben schneiden. Die Sahne steif schlagen, dabei die Gelatine einrieseln lassen. Zitronensaft und Zucker unterrühren.

3 Den ersten Kuchenboden auf ein Cake Board oder eine Tortenplatte setzen und mit einem Tortenring umschließen. Den Boden mit 2 EL Konfitüre bestreichen und mit einem Drittel der Erdbeerscheiben belegen. Ein Drittel der Sahne darauf verteilen und glatt streichen. Den zweiten Boden auflegen und den Vorgang wiederholen, ebenso mit dem dritten Boden. Den letzten Boden mit der unteren Seite nach oben auflegen und mit Frischhaltefolie abdecken. Die Torte mindestens 4 Stunden kühl stellen, am besten über Nacht.

4 Für die Dekoration die Swiss-Meringue-Buttercreme nach dem Grundrezept zubereiten.

5 Den Tortenring entfernen und die Torte mit ungefähr der Hälfte der Swiss-Meringue-Buttercreme ummanteln, dazu diese erst mit einer dünnen Schicht bestreichen, um die Krümel zu binden, dann nochmals komplett einstreichen. (Bild 1)

6 Die restliche Swiss-Meringue-Buttercreme in 3 Teile teilen und in Pink, Rosa und Hellgrün einfärben. (Bild 2)

7 Für die Tulpen zwei Spritzbeutel mit Tulpentüllen bestücken, einen Spritzbeutel mit Creme in Rosa, den zweiten mit Creme in Pink befüllen. Einen dritten Spritzbeutel mit einer Blatttülle bestücken und die grüne Creme hineingeben. (Bild 3)

8 Im Wechsel pink- und rosafarbene Tulpen auf den Rand der Torte spritzen, die Mitte frei lassen. Dabei die Spritztülle nicht direkt auf die Creme setzen, sondern die Blüte mit etwas Abstand aufspritzen und dann den Spritzbeutel schnell hochziehen. Die Tülle zwischendurch öfter abwischen. Zwischen die Tulpenblüten mit grüner Creme Blätter spritzen. (Bild 4)

CHALKBOARD
Cake

Für die Böden
- 1 Rezept Schokoladenboden
- 1 Rezept Ganache

Für das Dulce de Leche
- ½ Dose gezuckerte Kondensmilch (z. B. Milchmädchen, ca. 200 g)

Für die Dekoration
- 700 g schwarzer Fondant
- Lebensmittelfarbstift weiß

Außerdem
- 1 kleines Schraubglas
- Maisstärke

SO GEHT'S

1 Die beiden Schokoladenböden nach dem Grundrezept backen. Abkühlen lassen und je einmal waagerecht halbieren.

2 Für das Dulce de Leche die gezuckerter Kondensmilch in ein heiß ausgespültes Schraubglas füllen und fest verschließen. Das Glas mit einem Handtuch in einen kleinen Topf legen. Vollständig mit Wasser bedecken und das Wasser zum Kochen bringen. Das Handtuch verhindert, dass das Glas beim Kochen hin und her geschleudert wird. Sobald das Wasser kocht, die Temperatur senken und das Wasser etwa 50 Minuten leicht köcheln lassen. Das Glas sollte dabei immer mit Wasser bedeckt sein, wenn nötig, Wasser nachfüllen. Das Glas herausnehmen und abkühlen lassen. Vor der Verwendung cremig rühren.

3 Drei der Böden mit jeweils 2–3 EL Dulce de Leche bestreichen und aufeinanderlegen. Den vierten Boden mit der unteren Seite nach oben auflegen. Etwa 30 Minuten kühl stellen.

4 Die Ganache zubereiten. Sobald sie abgekühlt, aber noch recht flüssig ist, über die Torte geben, glatt streichen und scharfe Kanten formen.

5 Den Fondant weich kneten, auf einer mit Maisstärke bemehlten Arbeitsfläche ausrollen und die Torte damit eindecken. Die Torte mit dem weißen Lebensmittelfarbstift beschriften.

ABC
PAUSE
PAUSE
ABC 1+1=2
A
PAUSE
PAUSE

SCHWEBE-
Torte

Für die Dekoration
- 1 Rezept Baiser
- Farbgel pink, mint, gelb
- 50 g weiße Schokolade

Für die Böden
- 1 Rezept Vanillebiskuit (für 16 cm Ø)

Für die Füllung
- 1 Rezept Mascarpone-Frischkäse-Creme
- 200 g frische Himbeeren

Außerdem
- Spritzbeutel
- Sterntülle (1M)
- 1 Cake Board
- Tortenring
- 1 Strohhalm
- 1 Papiertüte

TIPP

Baiser zieht schnell Flüssigkeit an und wird dann klebrig. Daher die Torte erst kurz vor dem Servieren dekorieren.

SO GEHT'S

1 Am Vortag die Baisermasse nach dem Grundrezept vorbereiten und je ein Drittel pink, mint und gelb färben. Mit einem Spritzbeutel mit Sterntülle kleine Tuffs spritzen. Wie im Rezept (siehe Seite 17) trocknen lassen.

2 Für die Torte die Biskuit nach dem Grundrezept backen und auskühlen lassen. Die Creme nach dem Grundrezept herstellen. Die Hälfte für die Ummantelung beiseitestellen, die andere Hälfte für die Füllung verwenden.

3 Den ersten Biskuitboden auf ein Cake Board setzen und mit einem Tortenring umschließen. Die Hälfte der Creme für die Füllung auf dem Boden verteilen, Himbeeren halbieren und die Hälfte der Beeren auf die Creme geben. Den zweiten Boden auflegen und ebenso verfahren. Den letzten Boden mit der unteren Seite nach oben auflegen, mit Frischhaltefolie abdecken.

4 Die Torte 2 Stunden kühlen, dann vorsichtig aus dem Ring lösen und dünn mit Mascarpone-Frischkäse-Creme einstreichen. Weitere 30 Minuten kühlen, dann komplett einstreichen, dabei etwa 3 EL Creme beiseitestellen. Je 1 EL Creme pink, mint und gelb färben. Damit kleine Akzente auf die Torte setzen und einmal rundherum glatt streichen. Die Torte 1 Stunde kühl stellen.

5 Für die Deko die weiße Schokolade über einem heißen Wasserbad schmelzen. Vom Herd nehmen, abkühlen lassen. Die Torte auf eine Tortenplatte umsetzen. Den Strohhalm mittig in die Torte stecken. Die Papiertüte etwas zerknüllt auf den Strohhalm stülpen. Baisers mit Schokolade bestreichen und von unten nach oben an den Strohhalm kleben, sodass der Strohhalm nicht mehr sichtbar ist. Mit den restlichen Baisers dekorieren.

CANDY DRIP
Cake

Für die Dekoration
- 3 Macarons, rosa (siehe Seite 59)
- 1 Rezept rosa Baiser
- 1 Rezept Mascarpone-Frischkäse-Creme, rosa
- 150 g Cake-Pop-Glasur, weiß
- 1–3 kleine Waffelbecher
- Zuckerperlen, weiß + pink
- Zuckerkonfetti

Für die Böden
- 1 Rezept Zitronenboden

Für die Füllung
- 300 g TK-Himbeeren
- 1 TL Vanilleextrakt
- 5 Blatt Gelatine
- 200 g Mascarpone
- 200 g Frischkäse
- 50 g Zucker
- 150 g Sahne
- 1 Pck. Vanillezucker

Außerdem
- Spritzbeutel + Sterntülle
- Lochtülle
- Tortenring
- Tortenrandfolie

SO GEHT'S

Mit der Herstellung am besten am Vortag beginnen.

1 Die Macarons nach dem Rezept auf Seite 59 herstellen. Für die Torte 6 Macaron-Schalen beiseitestellen, die restlichen Macarons anderweitig verwenden.

2 Die Baisers nach dem Grundrezept herstellen. Dabei die Baisermasse rosa einfärben und aus einem Spritzbeutel mit Sterntülle auf das Backblech spritzen.

3 Die beiden Böden nach dem Grundrezept backen, auskühlen lassen und je einmal halbieren.

4 Für die Füllung die Himbeeren in einem kleinen Topf mit Vanilleextrakt und 2 EL Wasser vermischen und aufkochen lassen. Unter Rühren weich dünsten. Die Gelatine in kaltem Wasser einweichen, in der Zwischenzeit das Himbeerpüree durch ein Haarsieb passieren. Die Gelatine ausdrücken und im heißen Püree auflösen. Zum Abkühlen beiseitestellen. Mascarpone, Frischkäse und Zucker glatt rühren. Das abgekühlte Püree unter die Mascarponecreme rühren. Sahne steif schlagen, dabei den Vanillezucker einrieseln lassen. Die Sahne vorsichtig unter die Himbeercreme heben.

5 Den ersten Kuchenboden auf eine Tortenplatte legen und mit einem Tortenring umschließen. Mit einem Drittel der Creme bestreichen und den zweiten Boden auflegen. Den Vorgang wiederholen, bis die Creme aufgebraucht ist. Den letzten Boden mit der unteren Seite nach oben auflegen und mit Frischhaltefolie abdecken. Mindestens 4 Stunden, am besten über Nacht, kühl stellen.

YAY

6 Für die Ummantelung die Mascarpone-Frischkäse-Creme nach dem Grundrezept zubereiten und rosa einfärben. Etwa 4 EL entnehmen und beiseitestellen. Die Torte vorsichtig aus dem Ring lösen und dünn mit der Creme einstreichen. Etwa 30 Minuten kühl stellen, dann mit der restlichen Creme einstreichen. Wieder kühl stellen.

7 Die Cake-Pop-Glasur über einem heißen Wasserbad schmelzen. Die Waffelbecher in die Glasur tauchen, etwas abtropfen lassen und sofort in ein Schälchen mit Zuckerperlen drücken. Trocknen lassen. (Bild 1)

8 6 Macaron-Schalen mit etwas Glasur zu 3 Macarons zusammenkleben und mit Zuckerkonfetti bestreuen.

9 Die restliche Glasur über die Torte geben und am Rand runterlaufen lassen. (Bild 2)

10 Die restliche Mascarpone-Frischkäse-Creme in einen Spritzbeutel mit Lochtülle füllen und in die Waffelbecher spritzen.

11 Die Torte mit Macarons, Baisers und den kleinen Waffelbechern dekorieren. Zum Schluss mit Zuckerkonfetti verzieren.

TIPP

Diese Torte wird sehr hoch. Daher sollte der Tortenring mit Tortenrandfolie verlängert werden.

Für 15 Macarons (bzw. 30 Macaron-Schalen)

- 50 g gemahlene Mandeln (ohne Schale)
- 75 g Puderzucker
- 1 Msp. Backpulver
- 1 Eiweiß (40 g), Zimmertemperatur
- Salz
- 20 g Zucker
- Farbgel rosa

Außerdem

- Spritzbeutel
- Lochtülle
- Backmatte in Herzform

SO GEHT'S

1 Die gemahlenen Mandeln mit Puderzucker und Backpulver mischen und 2–3 Mal durch ein Haarsieb streichen.

2 Das Eiweiß mit 1 Prise Salz schaumig schlagen, den Zucker dazugeben und steif schlagen. Das Farbgel hinzugeben und sorgfältig verrühren. Die Mandel-Puderzucker-Mischung vorsichtig unter den Eischnee heben.

3 Die Macaron-Masse in einen Spritzbeutel mit Lochtülle füllen und auf die Backmatte spritzen. Das Backblech einmal kurz auf die Arbeitsplatte klopfen, damit die kleinen Spitzen sich senken und Luftbläschen entweichen können. (Bild 1)

4 Die aufgespritzten Macarons 1 Stunde bei Zimmertemperatur ruhen lassen.

5 Den Backofen auf 140 °C (Ober-/Unterhitze) vorheizen. Die Macarons 15 Minuten backen. Aus dem Ofen holen und auf dem Backblech abkühlen lassen.

6 Für den Candy Drip Cake werden 6 Macaron-Hälften benötigt. Der Rest kann anderweitig verwendet werden. Macarons können nach Belieben gefüllt werden. Hierfür eignen sich Cremes mit geringem Flüssigkeitsanteil wie Buttercreme, Ganache oder Dulce de Leche.

ZWEISTÖCKIGE *Hochzeitstorte*

Für die Magnolie

- 200 g weiße Blütenpaste
- Farbgel oliv
- Farbpulver grün und gelb

Für die untere Ebene

- 2 Rezepte Schokoladenboden (gebacken in 3 Formen mit 22 cm Ø)
- 1 Rezept Swiss-Meringue-Buttercreme
- 150 g Waldfruchtkonfitüre
- 1 Rezept Ganache
- 1 kg weißer Fondant

Für die obere Ebene

- 1 Rezept Zitronenboden
- 1 Rezept Swiss-Meringue-Buttercreme
- 100 g Blaubeerkonfitüre
- 1 Rezept Ganache
- 800 g Fondant weiß
- Farbgel schwarz
- ½ Rezept Royal Icing

SO GEHT'S

Mit der Herstellung der Dekoration 2 Tage vorher beginnen.

1 Für die Magnolie die Blütenpaste weich kneten. Zuerst für den Blütenstempel ein kleines Stück weißer Paste zu einem Kegel formen. Den Blumendraht mit Zuckerkleber bestreichen und den Kegel auf den Draht ziehen. Den Blütenstempel von unten nach oben mehrmals einschneiden. (Bild 2–3)

2 Ein weiteres Stück Blütenpaste auf einem Blumenmodellierbrett sehr dünn ausrollen (nicht dicker als 1 mm) und die Magnolien-Schablone mittig auf die Vertiefung im Modellierbrett legen. An der Schablone entlang mit einem Skalpell ausschneiden. Insgesamt 3 kleine und 4 große Blütenblätter herstellen. (Bild 4)

3 Die Blütenblätter abziehen und den weißen Blumendraht vorsichtig in die dickste Stelle des Blütenblatts schieben. (Bild 5)

4 Die Blütenblätter in den Magnolien-Veiner legen und zusammendrücken, so entsteht die Struktur. (Bild 6) Die Blütenblätter auf Esslöffel legen, damit sie eine gewölbte Form bekommen, und trocknen lassen.

5 Die restliche Blütenpaste mit dem Farbgel grün färben, weich kneten und auf dem Blumenmodellierbrett sehr dünn ausrollen. Die Blatt-Schablone mittig auf die Vertieferung des Brettes legen und 3 Blätter ausschneiden. Den grünen Draht jeweils in die Verdickung schieben und zum Trocknen beiseitelegen. Alle Teile mindestens 24 Stunden trocknen lassen.

Mr & Mrs

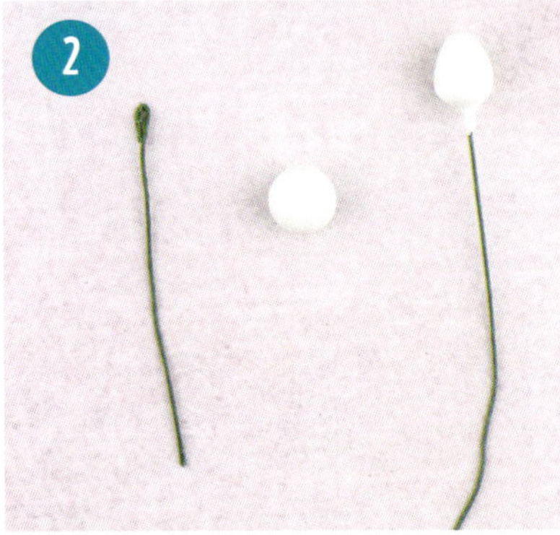

Außerdem

- Blumendraht in weiß (24 G) und grün (20 G)
- Zuckerkleber + Pinsel
- kleine Schere
- Blumenmodellierbrett
- Magnolien-Schablone
- Skalpell
- Magnolien-Veiner
- Blatt-Schablone
- Floristikband grün
- 2 Cake Boards
- Maisstärke
- 5 Tortendübel oder Cake-Pop-Stiele
- dunkelblaues Seidenband

6 Am Vortag den Blütenstempel mit dem gelben Farbpulver betupfen. (Bild 7)

7 Die kleinen Blütenblätter nacheinander um den Blütenstempel drapieren und mit grünem Floristikband umwickeln. (Bild 8)

8 Die großen Blütenblätter zwischen die kleineren drapieren und ebenfalls mit dem Floristikband umwickeln. Zum Schluss die grünen Blätter um die Blüte legen und ebenfalls mit Floristikband befestigen. Für mehr Struktur können die Blätter mit dem grünen Farbpulver eingepinselt werden.

9 Für die untere Torte die Böden nach dem Grundrezept zubereiten und etwa 45 Minuten backen. Die Stäbchenprobe nicht vergessen. Abkühlen lassen.

10 Am Tag der Fertigstellung die Swiss-Meringue-Buttercreme nach dem Grundrezept zubereiten.

11 Den ersten Boden auf ein Cake Board stellen und mit der Hälfte der Waldfruchtkonfitüre bestreichen. Die Hälfte der Swiss-Meringue-Buttercreme darauf verteilen und mit dem zweiten Boden abdecken. Den Vorgang wiederholen. Den letzten Boden mit der unteren Seite nach oben auflegen. Torte kühl stellen.

12 Die Ganache nach dem Grundrezept zubereiten, über die Torte geben, glatt streichen und scharfe Kanten formen.

13 Den weißen Fondant für die untere Ebene weich kneten und auf einer mit Maisstärke bemehlten Arbeitsfläche ausrollen. Die Torte mit dem Fondant sauber einkleiden.

14 Für die obere Ebene die beiden Zitronenböden nach dem Grundrezept backen, abkühlen lassen und je einmal waagerecht halbieren.

15 Die Swiss-Meringue-Buttercreme nach dem Grundrezept zubereiten.

16 Den ersten Boden auf ein Cake Board setzen und mit einem Drittel der Blaubeerkonfitüre bestreichen. Ein Drittel der Swiss-Meringue-Buttercreme darauf verteilen. Einen weiteren Boden auflegen. Den Vorgang wiederholen. Den letzten Boden mit der unteren Seite nach oben auflegen und die Torte kühl stellen.

17 Die Ganache nach dem Grundrezept zubereiten, über die Torte geben, glatt streichen und scharfe Kanten formen.

18 Für den Marmoreffekt den weißen Fondant gut durchkneten und zu einem rechteckigen Stück formen. Das Farbgel mittig darauf verteilen. Den Fondant drehen und 1–2 Mal falten, dann ausrollen (eventuell ein weiteres Mal falten) und die kleine Torte einkleiden. (Bild 9)

19 Das Royal Icing nach dem Grundrezept zubereiten.

20 Die Tortendübel auf die Höhe der unteren Torte zuschneiden und in die Torte stecken. Die obere Ebene mit etwas Royal Icing auf die untere Torte kleben. Dann ein Seidenband um die untere Ebene legen. Das kann an den Schnittkanten mit etwas Royal Icing angeklebt werden. Die Magnolie in die Torte stecken.

IMPRESSUM

Bibliografische Information der Deutschen Bibliothek.

Die Deutsche Bibliothek verzeichnet diese Publikation in der Deutschen Nationalbibliografie.
Detaillierte bibliografische Daten sind im Internet über http://www.dnb.de/ abrufbar.

EIN BUCH DER EDITION MICHAEL FISCHER

1. Auflage 2020

Reihengestaltung: Yvonne Witzan
Satz: Bernadett Linseisen
Redaktion und Lektorat: Lena Buch
Fotos: Emma Friedrichs
Texte und Rezepte: Monique Ascanelli und Emma Friedrichs

ISBN 978-3-7459-0135-1

Gedruckt bei Polygraf Print, Čapajevova 44, 08001 Prešov, Slowakei

www.emf-verlag.de